Impressum
Verlag: BABADADA GmbH, Nedderfeld 112 , 22529 Hamburg
Geschäftsführer / Verlagsleitung: Harald Hof
Druck: Books on Demand GmbH, In de Tarpen 42, 22848 Norderstedt

Imprint
Publisher: BABADADA GmbH, Nedderfeld 112 , 22529 Hamburg, Germany
Managing Director / Publishing direction: Harald Hof
Print: Books on Demand GmbH, In de Tarpen 42, 22848 Norderstedt

sekolo
école

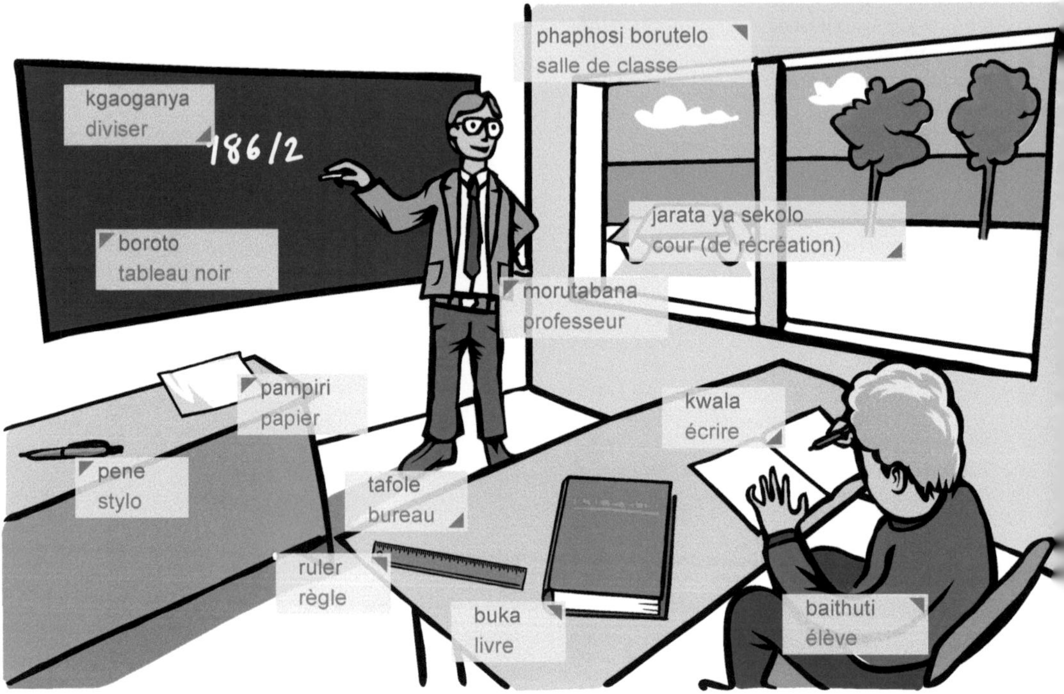
phaphosi borutelo
salle de classe
kgaoganya
diviser
186/2
boroto
tableau noir
jarata ya sekolo
cour (de récréation)
morutabana
professeur
pampiri
papier
kwala
écrire
pene
stylo
tafole
bureau
ruler
règle
buka
livre
baithuti
élève

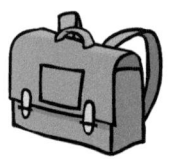

kgetsana ya dibuka

cartable

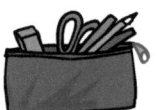

setsenya dipensele

trousse

pensele

crayon

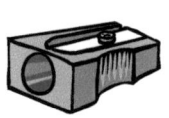

seseta pensele

taille-crayon

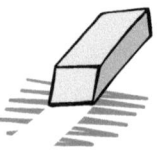

sephimola

gomme

boto ya go torowa

carnet à dessin

torowa

dessin

boratšhe jwa pente

pinceau

bokose ya pente

boîte de peinture

dikere

ciseaux

sekgomaretsi

colle

buka ya go kwalela

cahier d'exercices

tirogae

devoirs

palo

chiffre

tlhakanya

additionner

kgaoganya

soustraire

atisa

multiplier

khalkhuleitara

calculer

lekwalo

lettre

alfabete

alphabet

lefoko

mot

mafoko

texte

bala

lire

choko

craie

thuto

leçon

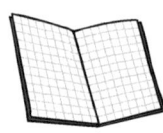

rejistara

livre de classe

tlhatlhobo

examen

setifikeiti

certificat

diaparo tsa sekolo

uniforme scolaire

thuto

formation

encyclopedia

lexique

unibesithi

université

mikoroskoupo

microscope

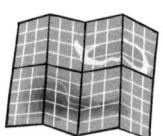

mmepe

carte

moteme wa dipampiri

corbeille à papier

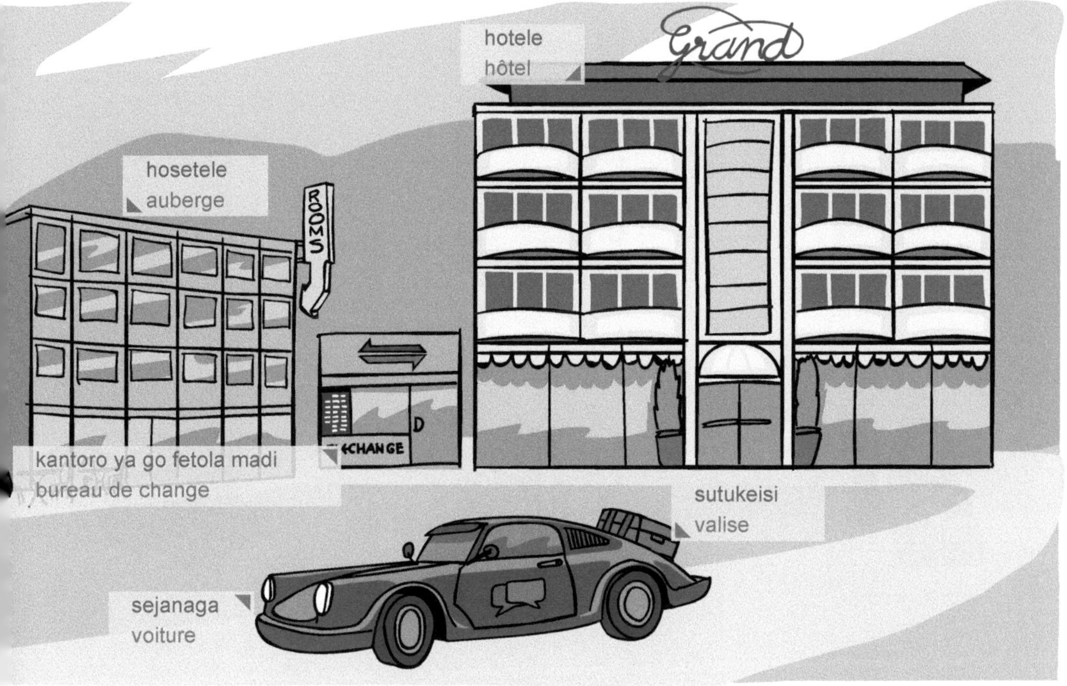

hotele
hôtel
Grand
hosetele
auberge
ROOMS
kantoro ya go fetola madi
bureau de change
CHANGE
sutukeisi
valise
sejanaga
voiture

puo
langue

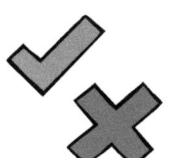

ee / nnyaa
oui / non

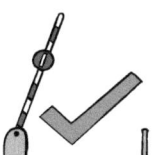

Go siame
d'accord

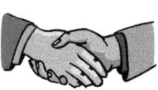

dumela
Salut

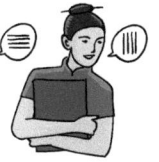

moranodi
interprète

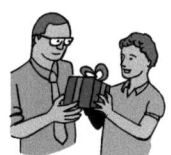

Ke a leboga
merci

ke bokae...?

Combien coûte...?

ga ke tlhaloganye

Je ne comprends pas

bothata

problème

O itumelele bosigo!

Bonsoir !

Dumela!

Bonjour !

Robala Sentle!

Bonne nuit !

tsamaya sentle

Au revoir

tsela

direction

dithoto

bagages

kgetsi

sac

kgetsi

sac-à-dos

moeng

hôte

phaposi

pièce

kgetsana ya go robalela

sac de couchage

mogope

tente

shedimosetso ya mojanala

office de tourisme

lewatle

plage

karata ya go tsaya sekoloto

carte de crédit

sefitlholo

petit-déjeuner

dijo tsa motshegare

déjeuner

dijo tsa maitsiboa

dîner

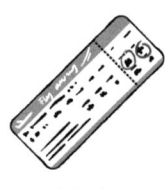

tekete

billet

lifiti

ascenseur

setempe

timbre

bodara

frontière

dingwao

douane

embassy

ambassade

visa

visa

lokwalo itshupo

passeport

sepalangwa

transport

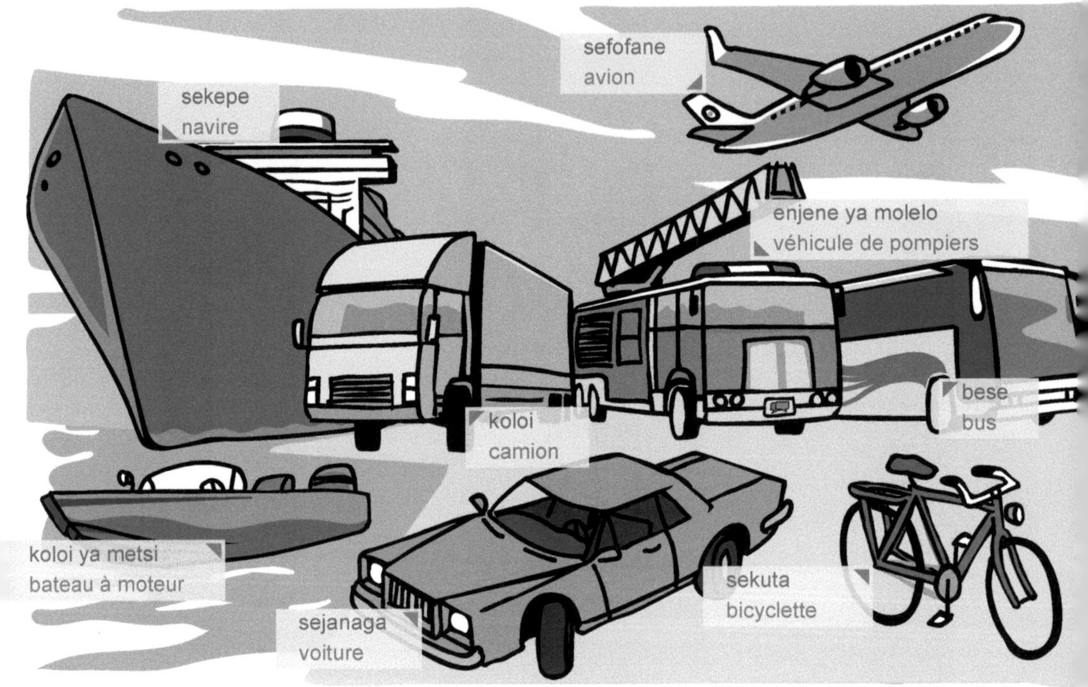

sefofane
avion
sekepe
navire
enjene ya molelo
véhicule de pompiers
bese
bus
koloi
camion
koloi ya metsi
bateau à moteur
sekuta
bicyclette
sejanaga
voiture

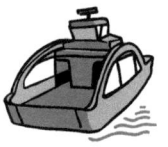

feri

ferry

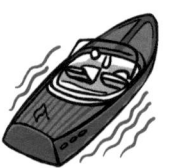

sekepe

barque

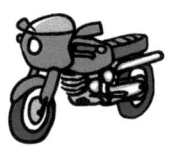

sethuthuthu

moto

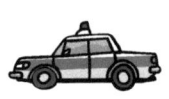

sejanaga sa mapodisa

voiture de police

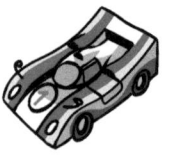

sejanaga sa lobelo

voiture de course

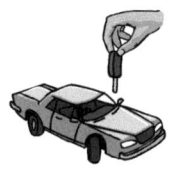

sejanaga se se hirilweng

voiture de location

aroganya sejanaga

auto-partage

koloi e e gogang dikoloi tse di robegileng

voiture de remorquage

koloi e e tsayang matlakala

benne à ordures

koloi

moteur

lookwane

essence

seteišhene sa lookwane

station d'essence

letshwao la pharakano

panneau indicateur

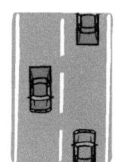

pharakano

trafic

pharakano

embouteillage

lefelo la go emisa koloi

parking

seteišhene sa terena

gare

mela

rails

terena

train

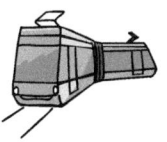

tereme

tramway

kolotsana

wagon

sefofane

hélicoptère

boemeladifofane

aéroport

tora

tour

mopalami

passager

sekhafothini

conteneur

bokoso

carton

karaki

chariot

basekete

corbeille

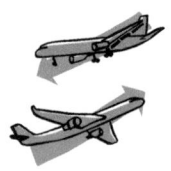

go tsamaya / go fitlha

décoller / atterrir

toropo

ville

motse

village

legare la teropo

centre-ville

ntlo

maison

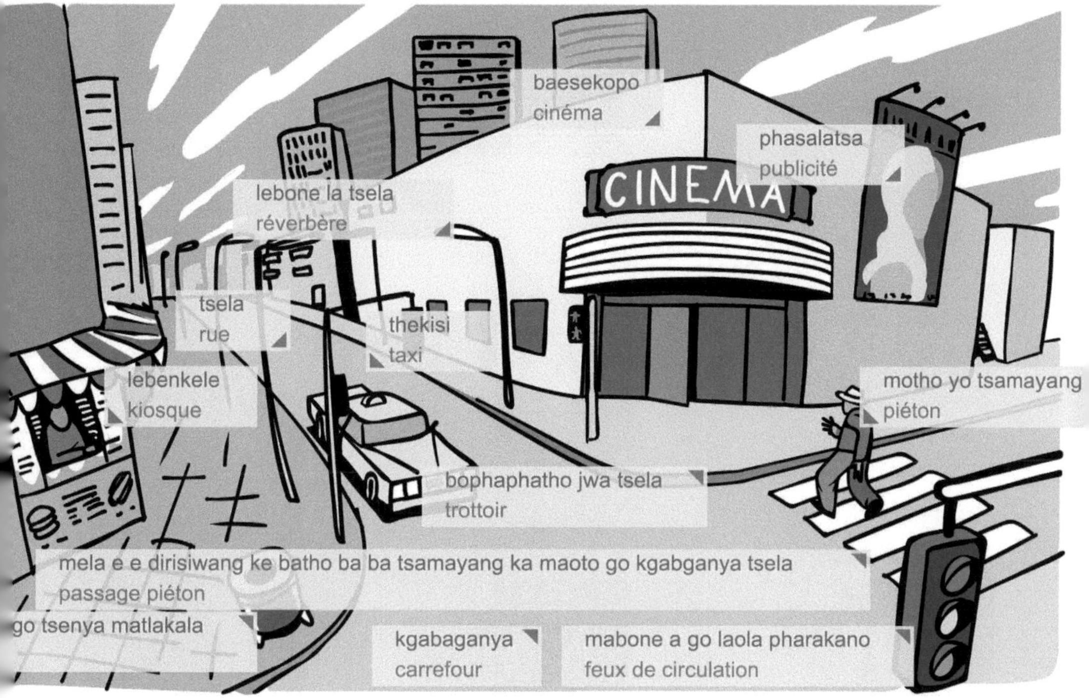

baesekopo / cinéma

phasalatsa / publicité

lebone la tsela / réverbère

tsela / rue

thekisi / taxi

lebenkele / kiosque

motho yo tsamayang / piéton

bophaphatho jwa tsela / trottoir

mela e e dirisiwang ke batho ba ba tsamayang ka maoto go kgabganya tsela / passage piéton

go tsenya matlakala

kgabaganya / carrefour

mabone a go laola pharakano / feux de circulation

o e e ruletseng ka bojang

....
cabane

sephara

....
appartement

seteišhene sa terena

....
gare

ntlolehalahala la toropo

....
mairie

museamo

....
musée

sekolo

....
école

unibesithi

université

banka

banque

sepetlele

hôpital

hotele

hôtel

lefelo la melemo

pharmacie

kantoro

bureau

lebenkele la dibuka

librairie

lebenkele

magasin

batho ba ba rekisang malomo

fleuriste

lebenkele

supermarché

maraka

marché

lebenkele la diaparo

grand magasin

fishmongers

poissonnerie

moago wa mabenkele a a mantsi

centre commercial

boema dikepe

port

serapa

parc

banka

banque

borogo

pont

ditepisi

escaliers

kwa tlase ga lefatshe

métro

kgogometso

tunnel

boemela bese

arrêt de bus

bara

bar

lefelo la go jela

restaurant

lebokose la pose

boîte à lettres

letshwao la tsela

panneau indicateur

mitara wa go emisa koloi

parcmètre

lefelo la go bonela
diphologolo

zoo

letlodi la go thuma

piscine

tempele ya mamoselema

mosquée

polase

ferme

kgotlelelo

pollution

mabitla

cimetière

kereke

église

lefelo la go tshamekela

aire de jeux

temple

temple

boago jwa lefelo

paysage

setlhatsana
feuille

matshwao
panneau indicateur

tsela
chemin

ditlhaga
pré

letlapa
pierre

motho yo o tsamayang mo thabeng
randonneur

setlhare
arbre

noka
rivière

bojang
herbe

lelomo
fleur

mokgatšha

vallée

thatshana

montagne

lekadiba

lac

sekgwa

forêt

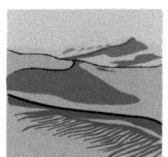

sekaka

désert

lekgwamolelo

volcan

khasele

château

motshe wa badimo

arc-en-ciel

leboa

champignon

mokolana

palmier

montsane

moustique

tshenekegi

mouche

tshoswane

fourmis

notshi

abeille

segokgo

araignée

khukhwana

coléoptère

segwagwa

grenouille

mosha

écureuil

noko

hérisson

mmutla

lièvre

morubisi

chouette

nonyane

oiseau

pidipidi

cygne

dikolobe tsa naga

sanglier

kgokong

cerf

moose

élan

letamo

barrage

sefetlhaphefo

éolienne

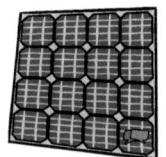

motlakase o o dirilweng ka
letsatsi

panneau solaire

loapi

climat

lefelo la go jela
restaurant

weitara
serveur
lenaane la dijo
menu
setulo
chaise
sopo
soupe
pizza
pizza
fatuku ya tafole
nappe
dintsho
couverts

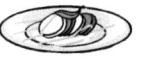

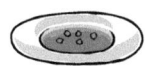

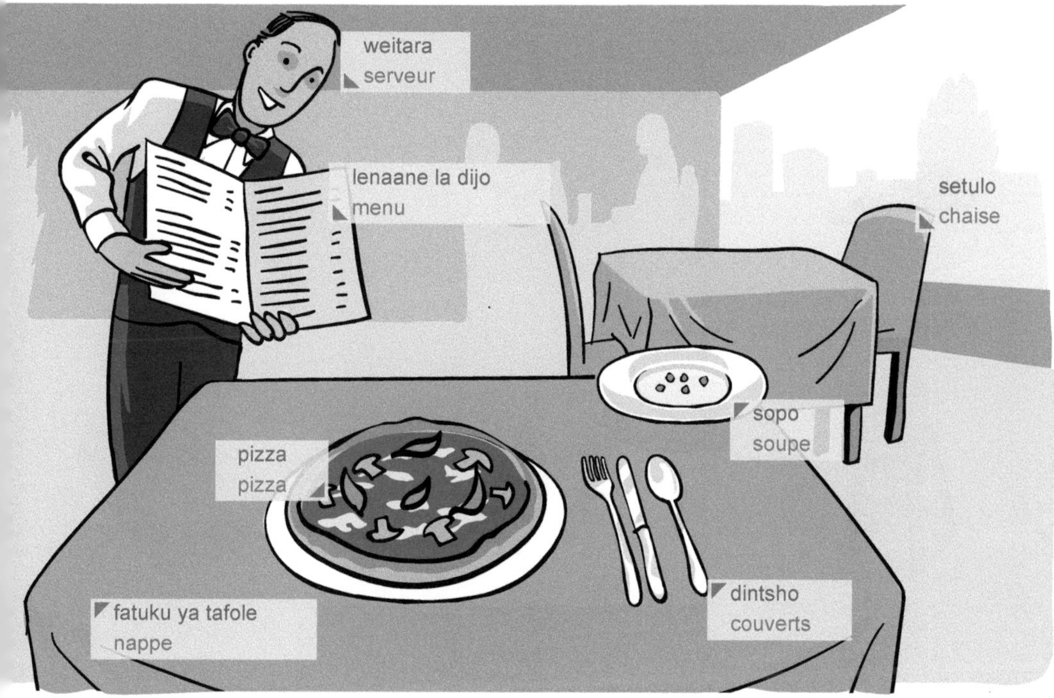

sejo sa ntlha
hors d'œuvre

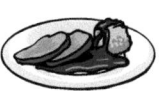

sejo sa bobedi
plat principal

dijo tse di naleng sukiri
dessert

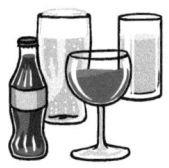

dino
boissons

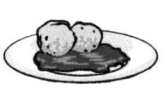

dijo
alimentation

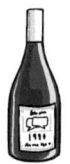

botlolo
bouteille

dijo tsa mo strateng

fast-food

dijo tsa seterata

plats à emporter

ketlele ya tee

théière

sejana sa go tsenya sukiri

sucrier

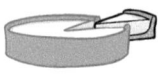

karolo

portion

motšhini wa espresso

machine à expresso

setulo se se kwa godimo

chaise haute

tshupamolato

facture

tɔrɔi

plateau

thipa

couteau

forotlho

fourchette

liso

cuillère

leswana

cuillère à thé

lesela la go iphimola

serviette

galase

verre

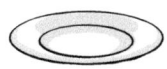

poleiti

assiette

poleiti ya sopo

assiette à soupe

sosara

soucoupe

sopo

sauce

sejana sa letswai

salière

sesila pepere

moulin à poivre

aseini

vinaigre

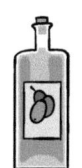

oli

huile

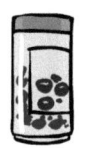

ditswaiso

épices

tamati souso

ketchup

masetete

moutarde

mayonaese

mayonnaise

lebenkele

supermarché

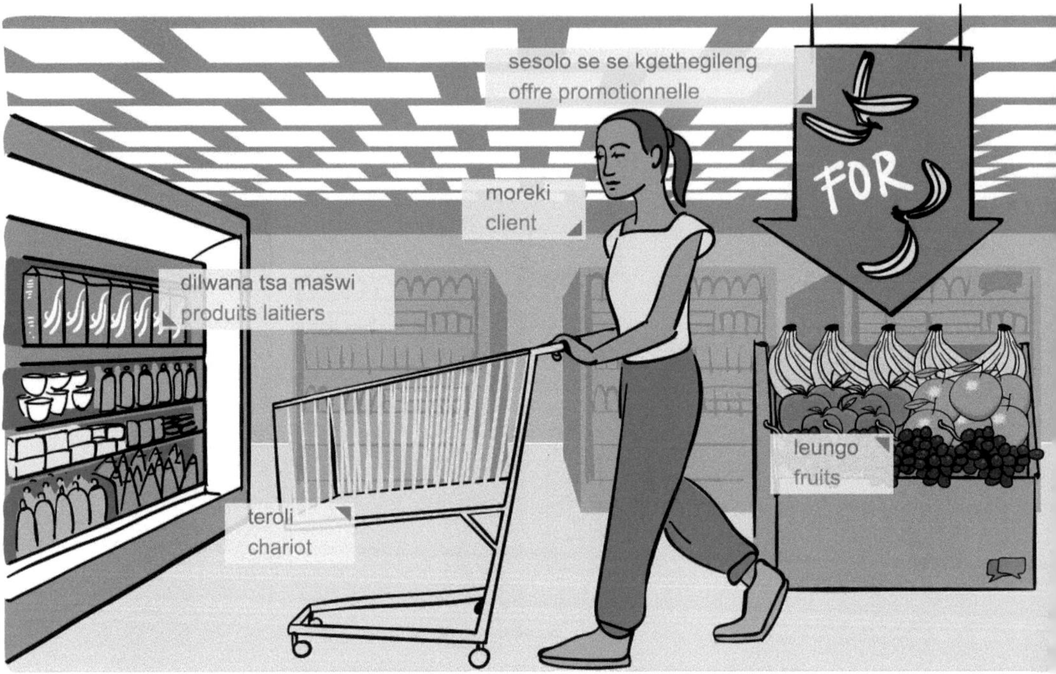

sesolo se se kgethegileng
offre promotionnelle

moreki
client

dilwana tsa mašwi
produits laitiers

leungo
fruits

teroli
chariot

FOR

batho ba ba segang nama	babaki	boima
boucherie	boulangerie	peser
	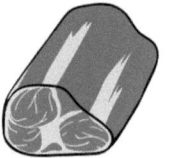	
merogo	nama	dijo tse di aesitsweng
légumes	viande	aliments surgelés

nama e e sa tlhokeng go apewa
charcuterie

dijo tsa thini
conserves

molora o o tlhatswang
poudre à lessive

dimonamone
bonbons

dilwana tsa ntlo
articles ménagers

dilwana tsa go phepafatsa
détergents

morekisi
vendeuse

motšhini wa madi
caisse

morekisi
caissier

lennane la go reka
liste d'achats

diura tsa go bula
heures d'ouverture

sepatšhe
portefeuille

rata ya go tsaya sekoloto
carte de crédit

kgetsi
sac

kgetsi ya polasetiki
sac en plastique

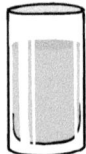

metsi

eau

jusi

jus de fruit

mašwi

lait

khouku

coca

beine

vin

biri

bière

bojalwa

alcool

khoukhou

chocolat chaud

tee

thé

kofi

café

esepereso

expresso

cappuccino

cappuccino

panana

banane

apole

pomme

namune

orange

legapu

melon

surunamune

citron

segwete

carotte

konofole

ail

lotlhaka lwa bampuse

bambou

eie

oignon

mabowa

champignon

manoko

noisettes

di-noodles

pâtes

sepagethi

spaghetti

raese

riz

salate

salade

ditšhipisi

pommes frites

ditapole tse di gadikilweng

pommes de terre rôties

pizza

pizza

hamburger

hamburger

borotho jo bo tlapisitsweng

sandwich

nama e e gadikilweng

escalope

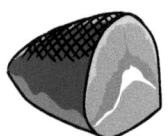

nama ya kolobe

jambon

salami

salami

boroso

saucisse

koko

poulet

gadika

rôti

tlhapi

poisson

bogobe jwa outse

flocons d'avoine

muesli

muesli

cornflakes

cornflakes

bupi

farine

croissante

croissant

banse

petits-pains

borotho

pain

borotho jo bo besitsweng

pain grillé

bisikiti

biscuits

botoro

beurre

tšhisi

le fromage blanc

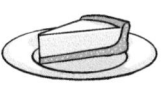

kuku

gâteau

lee

œuf

lee le le gadikilweng

œuf au plat

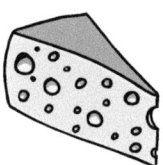

kase

fromage

aesekirimi

glace

sukiri

sucre

mamepe a dinotshe

miel

jeme

confiture

chokolete e e tshasiwang

crème nougat

khari

curry

polase
ferme

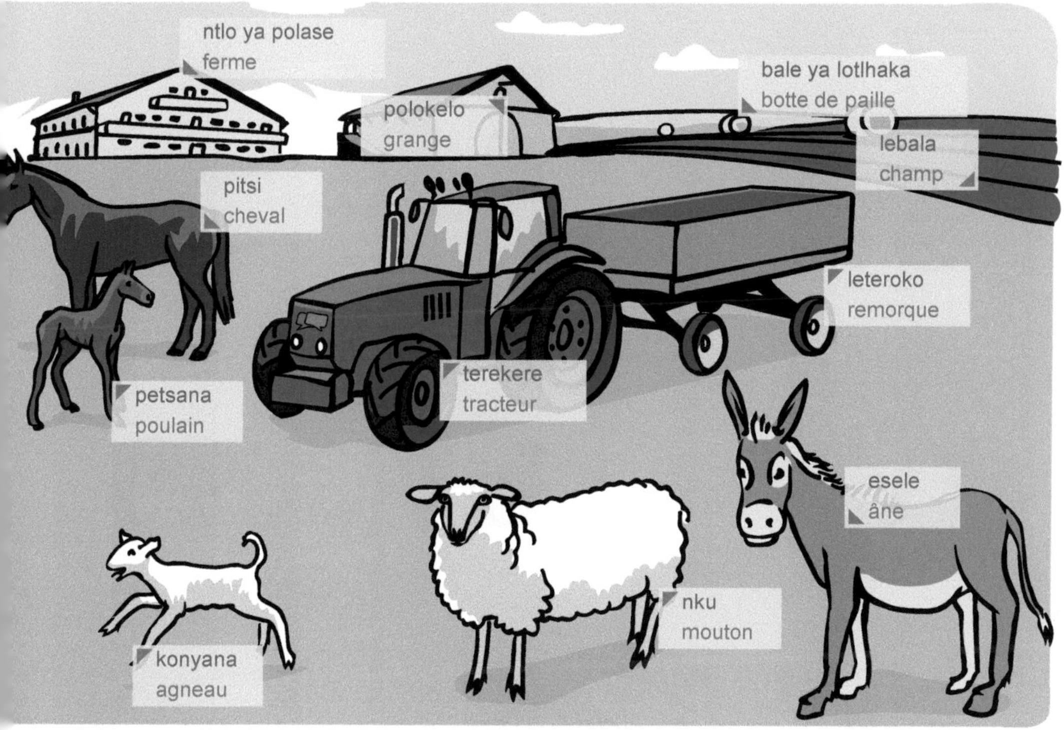

ntlo ya polase
ferme
bale ya lotlhaka
botte de paille
polokelo
grange
lebala
champ
pitsi
cheval
leteroko
remorque
terekere
tracteur
petsana
poulain
esele
âne
nku
mouton
konyana
agneau

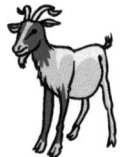

pudi
chèvre

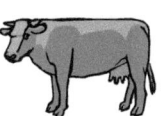

kgomo
vache

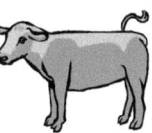

namane
veau

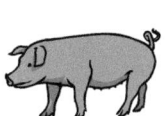

kolobe
porc

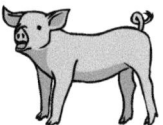

kolojane
porcelet

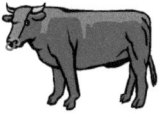

poo
taureau

ganse

oie

pidipidi

canard

kokwanyana

poussin

mokoko

poule

mokoko

coq

peba

rat

katse

chat

peba

souris

kgomo

bœuf

ntša

chien

ntlo ya ntša

chenil

lethompo la tshingwana

tuyau de jardin

tanka ya go nosetsa

arrosoir

disekele tsa tshipi

faucheuse

lema

charrue

disekele

faucille

setlhagola

pioche

foroko ya go peta

fourche

selepe

hache

kiribae

brouette

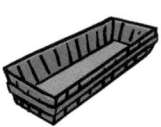

bonwelo

cuve

mašwi a a moteng ga
moteme

pot à lait

kgetsana

sac

legora

clôture

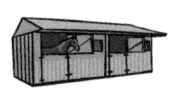

tsepame

étable

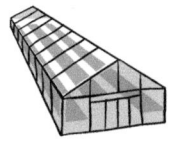

lefelo la go godisa dijalo

serre

mmu

sol

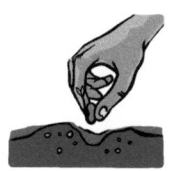

peo

semences

menyoro

engrais

thobo e e kopaneng

moissonneuse-batteuse

thobo
récolter

thobo
récolte

di-yam
igname

korong
blé

soya
soja

tapole
pomme de terre

korong
maïs

disonobolomo
colza

setlhare sa maungo
arbre fruitier

cassava
manioc

dijo tsa phakela
céréales

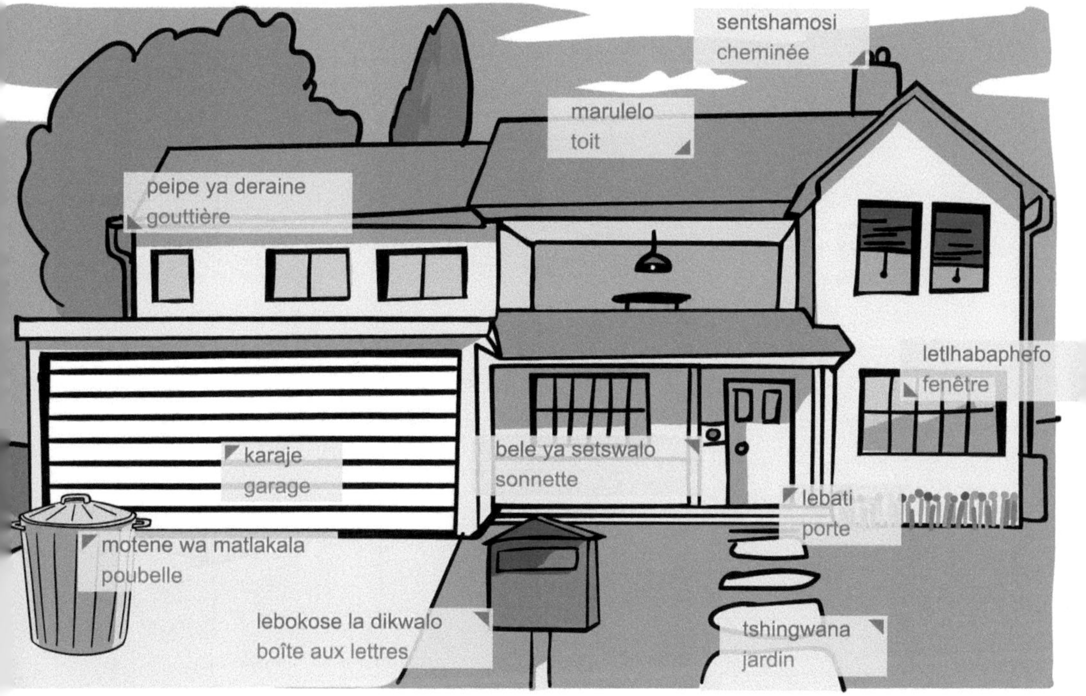

sentshamosi
cheminée

marulelo
toit

peipe ya deraine
gouttière

letlhabaphefo
fenêtre

karaje
garage

bele ya setswalo
sonnette

lebati
porte

motene wa matlakala
poubelle

lebokose la dikwalo
boîte aux lettres

tshingwana
jardin

phaposi ya bodulo

salon

phaposi ya go tlhapela

salle de bain

boapeelo

cuisine

phaposi ya borobalo

chambre à coucher

phaposi ya bana

chambre d'enfant

phaposi ya bojelo

salle à manger

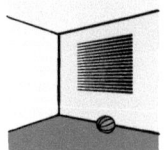

mo fatshe

sol

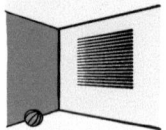

lebota

mur

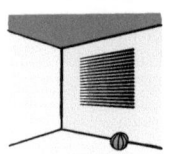

siling

plafond

mabolokelo

cave

se futhumatsa mmele

sauna

mokatako

balcon

mokgekolosa

terrasse

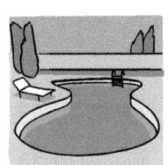

makadiba

piscine

sedirisiwa sa go sega
bojang

tondeuse à gazon

lakane

housse

kobo

couette

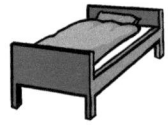

bolao

lit

lefielo

balai

kgamelo

sceau

switch

interrupteur

phaposi ya bodulo

salon

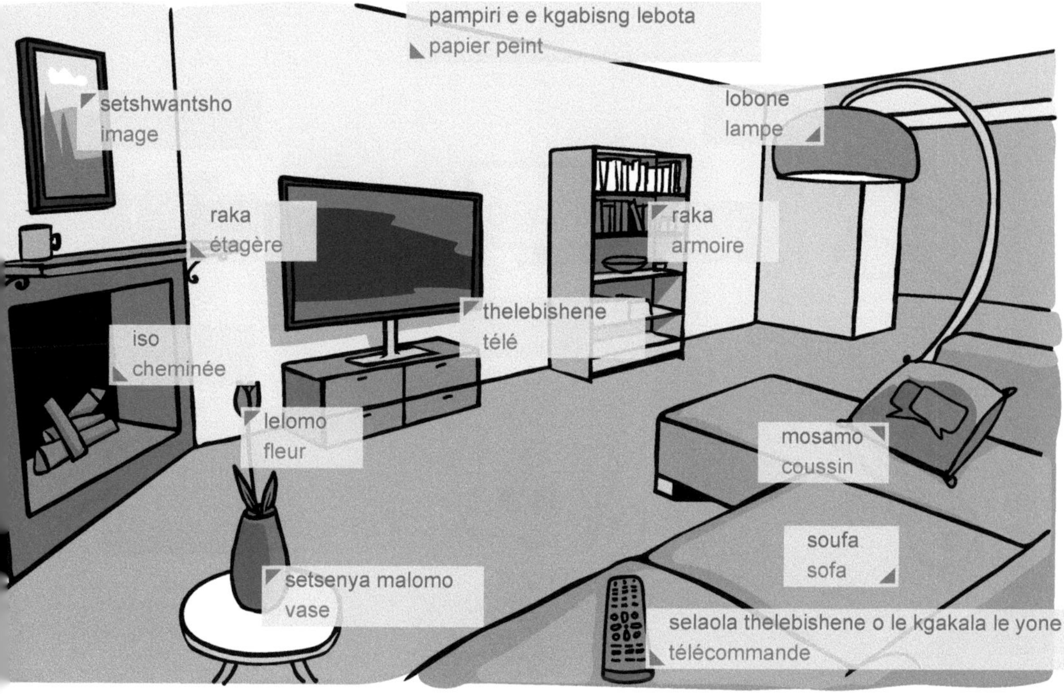
pampiri e e kgabisng lebota
papier peint
setshwantsho
image
lobone
lampe
raka
étagère
raka
armoire
thelebishene
télé
iso
cheminée
lelomo
fleur
mosamo
coussin
soufa
sofa
setsenya malomo
vase
selaola thelebishene o le kgakala le yone
télécommande

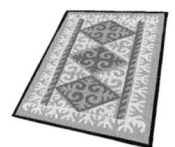

mmetshe

tapis

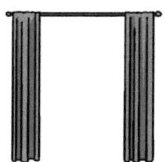

garetene

rideau

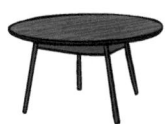

tafole

table

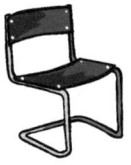

setulo

chaise

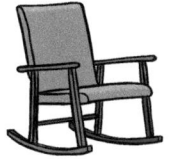

setulo se se binang

chaise à bascule

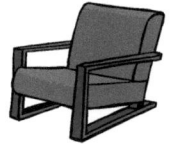

setulo se se naleng boikego

fauteuil

buka

livre

kobo

couverture

mokgabiso

décoration

dikgong tsa molelo

bois de chauffage

filimi

film

hi-fi ya go letsa

chaîne hi-fi

selotlolo

clé

lokwalodıkgaŋ

journal

setshwantsho se se
dirilweng ka pente

peinture

pampiri ya go phasalatsa

poster

seyalemowa

radio

buka ya dintla

bloc-notes

huvara

aspirateur

motoroko

cactus

kerese

bougie

boapeelo
cuisine

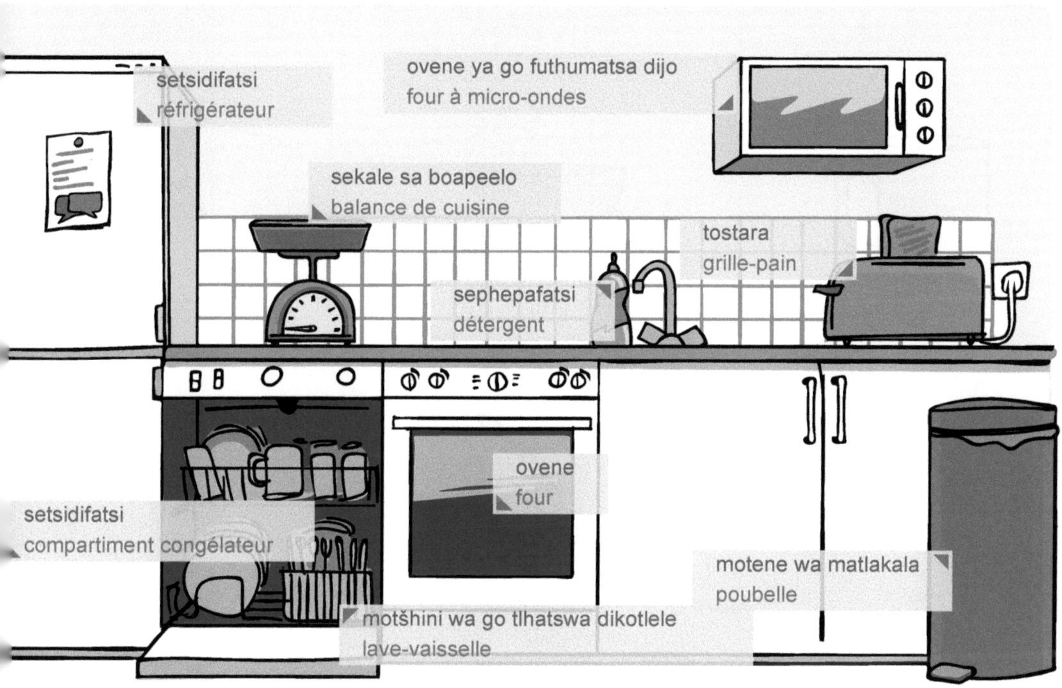

setsidifatsi
réfrigérateur
ovene ya go futhumatsa dijo
four à micro-ondes
sekale sa boapeelo
balance de cuisine
tostara
grille-pain
sephepafatsi
détergent
ovene
four
setsidifatsi
compartiment congélateur
motene wa matlakala
poubelle
motšhini wa go tlhatswa dikotlele
lave-vaisselle

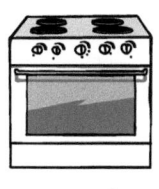

moapei

four

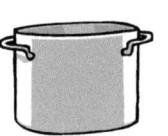

pitsa

casserole

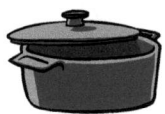

pitsa ya tshipi

marmite

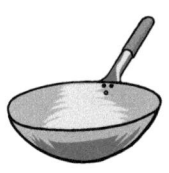

wok / kadai

wok / kadai

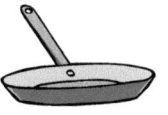

pane

poêle

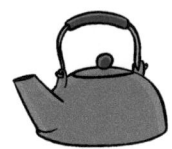

ketlele

bouilloire electrique

sefuthumatsi

cuiseur vapeur

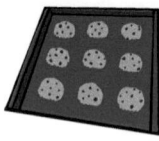

terei ya go baka

plaque de cuisson

dintsho

vaisselle

kopi

gobelet

sejana

coupe

thobane ya go rema

baguettes

thoka

louche

sepatšhula

spatule

wiskara

fouet

setereinara

passoire

setlhotlhi

tamis

greitara

râpe

kika

mortier

nama ya kgomo

barbecue

molelo o o mopepeneneg

cheminée

boroto ya go segela

planche à découper

rolara

rouleau à pâtisserie

sebula dibotlolo tsa beine

tire-bouchon

moteme

boîte

sebula moteme

ouvre-boîte

setshwari sa pitsa

maniques

sinki

lavabo

boratšhe

brosse

sepontšhe

éponge

etlhakanya dijo / maungo

mixeur

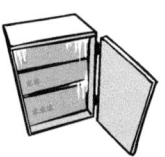

setsidifatsi

congélateur

botlole ya ngwana

biberon

tepe

robinet

phaposi ya go tlhapela
salle de bain

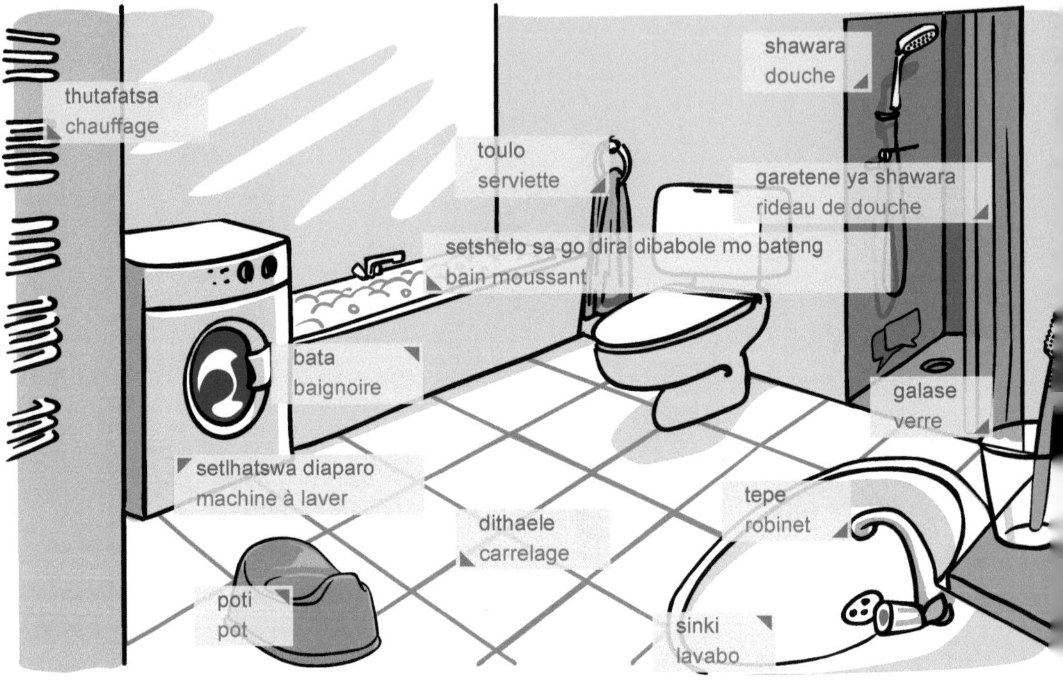

shawara
douche

thutafatsa
chauffage

toulo
serviette

garetene ya shawara
rideau de douche

setshelo sa go dira dibabole mo bateng
bain moussant

bata
baignoire

galase
verre

setlhatswa diaparo
machine à laver

tepe
robinet

dithaele
carrelage

poti
pot

sinki
lavabo

ntlwana

toilettes

ntlwana ya go kotama

toilette à la turque

bidete

bidet

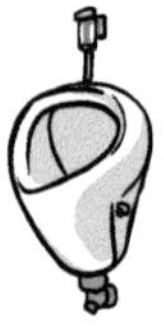

moroto

urinoir

pampiri ya boithomelo

papier toilette

boratšhe jwa ntlwana

brosse à toilette

boratšhe jwa meno

brosse à dents

sesepa sa meno

dentifrice

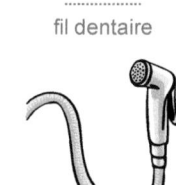

tlhale ya go phepafatsa
meno

fil dentaire

tlhatswa

laver

shawara ya go itshwarela

douche manuelle

senkgisa monate

douche intime

beisini

vasque

boratšhe jwa mokwatla

brosse dorsale

sesepa

savon

jele ya shawara

gel douche

setlhapisa moriri

shampooing

folanele

gant de toilette

mosele

écoulement

setlolo

crème

senkgamonate

déodorant

seipone

miroir

seipone sa go itshwarela

miroir cosmétique

legare

rasoir

foumu ya go ntsha moriri

mousse à raser

foumu ya fa o fetsa go
ntsha moriri

après-rasage

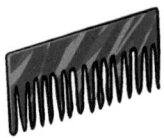

kama

peigne

boratšhe

brosse

seomisa moriri

sèche-cheveux

seporei sa moriri

laque pour cheveux

seitlole sa sefatlhego

fond de teint

setlolo sa molomo

rouge à lèvres

pente ya dinala

vernis à ongles

boboa

ouate

sekere sa dinala

coupe-ongles

leokwane le le nkgang
monate

parfum

kgetsana ya go tlhatswa

trousse de toilette

setulo

tabouret

sekale sa go lekanya

pèse-personne

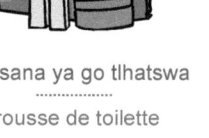

seaparo sa botlhapelo

peignoir

ditlelafo tsa rekere

gants de nettoyage

tempone

tampon

edirisiwa sa basadi ba ba
mo kgweding

serviettes hygiéniques

ntlwana ya khemikhale

toilette chimique

phaposi ya bana

chambre d'enfant

tshupanako ya alamo
réveil
mpopi wa go tlamparela
doudou
koloi e e tshamekang
voiture jouet
setšhakgatšhakga
hochet
ntlo ya dipompi
maison de poupée
poresente
cadeau

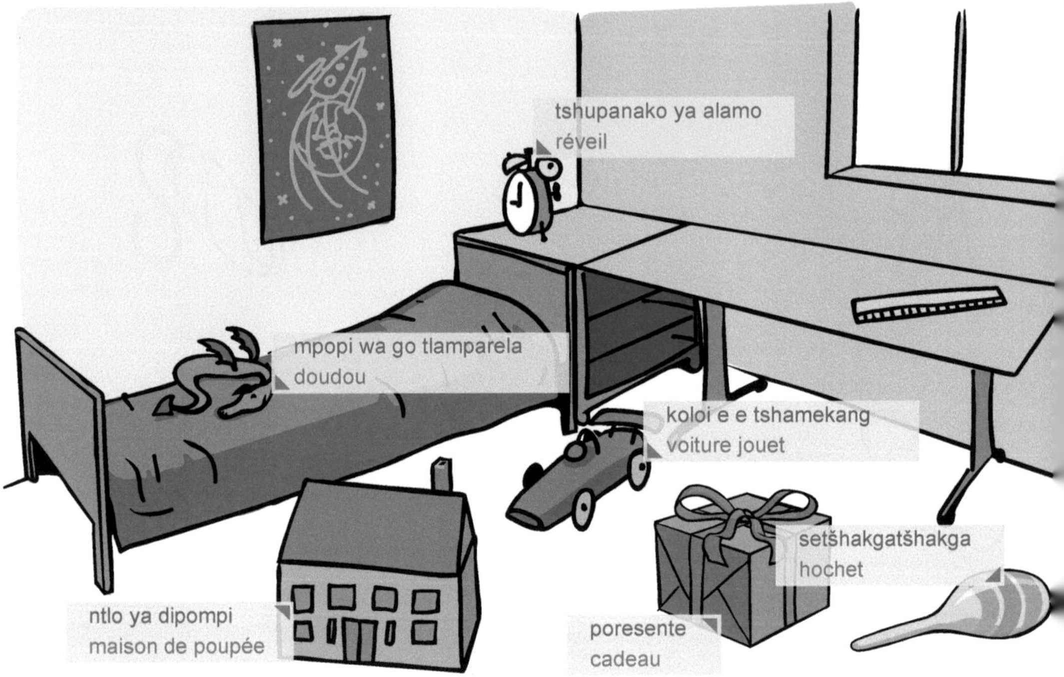

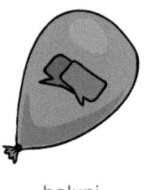

baluni

ballon

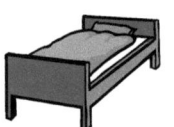

bolao

lit

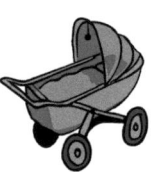

porema

poussette

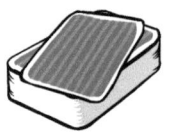

deck of cards

jeu de cartes

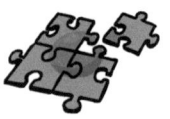

saga ya motlakase

puzzle

SUPER MEGA

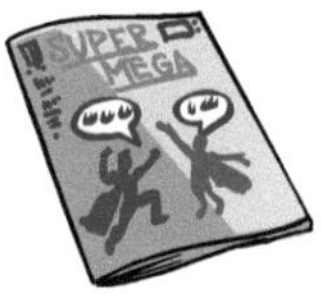

buka ya ditshegisi

bande dessinée

matlapa a go tshameka

pièces lego

diboloko tse di tshamekang

blocs de construction

setshwantsho sa motho

figurine

seaparo sa lesea

grenouillère

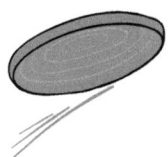

Frisbee

frisbee

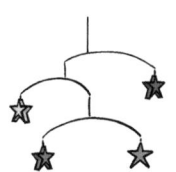

selo sa go letsa mmino mo ditsebeng

mobile

motshameko wa boroto

jeu de société

daese

dé

terena

train miniature

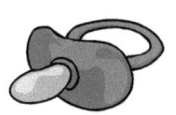

tami

sucette

moletlo

fête

buka ya ditshwantsho

livre d'images

bolo

balle

mpopi

poupée

tshameka

jouer

lebala le le naleng santa

bac à sable

moswinki

balançoire

ditshamekisi tsa bana

jouets

motshameko wa dibidio

console de jeu

baesekele ya maotwana a a mararo

tricycle

bera e e diretsweng go tshamekisa bana

ours en peluche

raka ya go baya diaparo

armoire

seaparo

vêtements

dikausu

chaussettes

dikausu tsa basadi

bas

dithaetse

collant

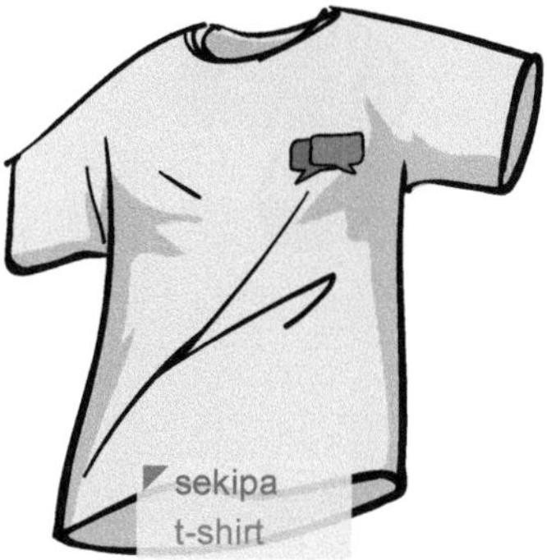

sekhafo
écharpe

lebante
ceinture

sekhukhu
parapluie

sekipa
t-shirt

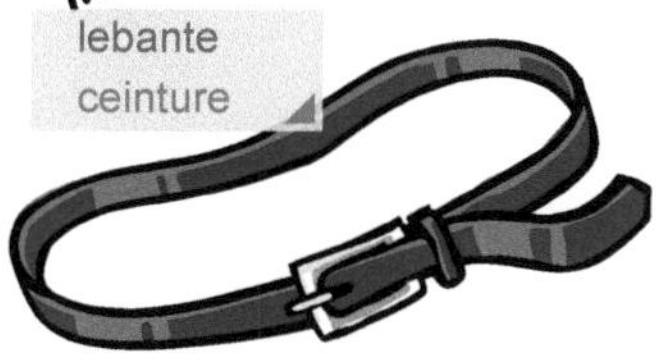

diteki
baskets

dibutshi
bottes

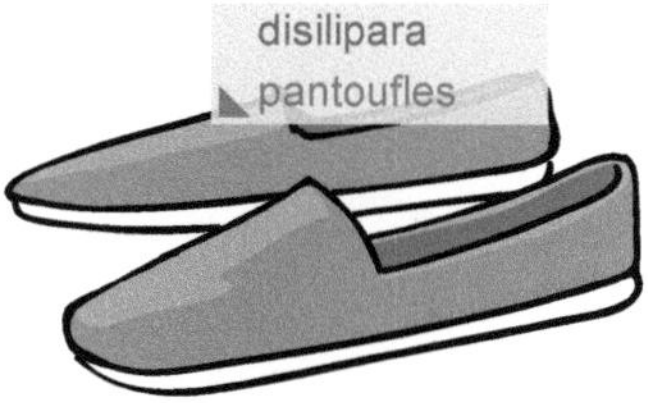

disilipara
pantoufles

dimphatšhane
....
sandales

ditlhako
....
chaussures

dibutshi tsa rekere
....
bottes de caoutchouc

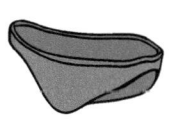

borukgwe jwa kwateng
....
sous-vêtements

boraa
....
soutien-gorge

besete
....
maillot de corps

mmele

body

borukgwe

pantalon

bokate

jean

sekete

jupe

bolaose

chemisier

hempe

chemise

jeresi e e senang matsogo

pull

jakete e e enaleng hutshe

sweat à capuche

boleisara

veste

jakete

veste

jase

manteau

jase ya pula

imperméable

khosetjhumo

costume

mosese

robe

mosese wa lenyalo

robe de mariée

sutu

costume

seaparo sa bosigo

chemise de nuit

diaparo tsa go robala

pyjama

sari

sari

sekhafa sa tlhogo

foulard

turban

turban

burqa

burqa

kaftan

caftan

abaya

abaya

seaparo sa go thuma

maillot de bain

diteranka

maillot de bain

borukgwe jo bo khutshwane

short

terekesutu

tenue d'entraînement

seaparo sa go phephafatsa

tablier

ditlelafo

gants

talama

bouton

diborele

lunettes

sebaga

bracelet

sebaga sa mo thamong

collier

palamonwana

bague

lengena

boucle d'oreille

kepisi

bonnet

sepega baki

cintre

hutshe

chapeau

tae

cravate

zepe

fermeture éclair

hutshe ya sethuthuthu

casque

ditrata tsa meno

bretelles

diaparo tsa sekolo

uniforme scolaire

diaparo tsa mmereko /
diaparo tsa sekolo

uniforme

bebe

bavoir

tami

sucette

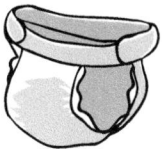

mongato

lange

kantoro
bureau

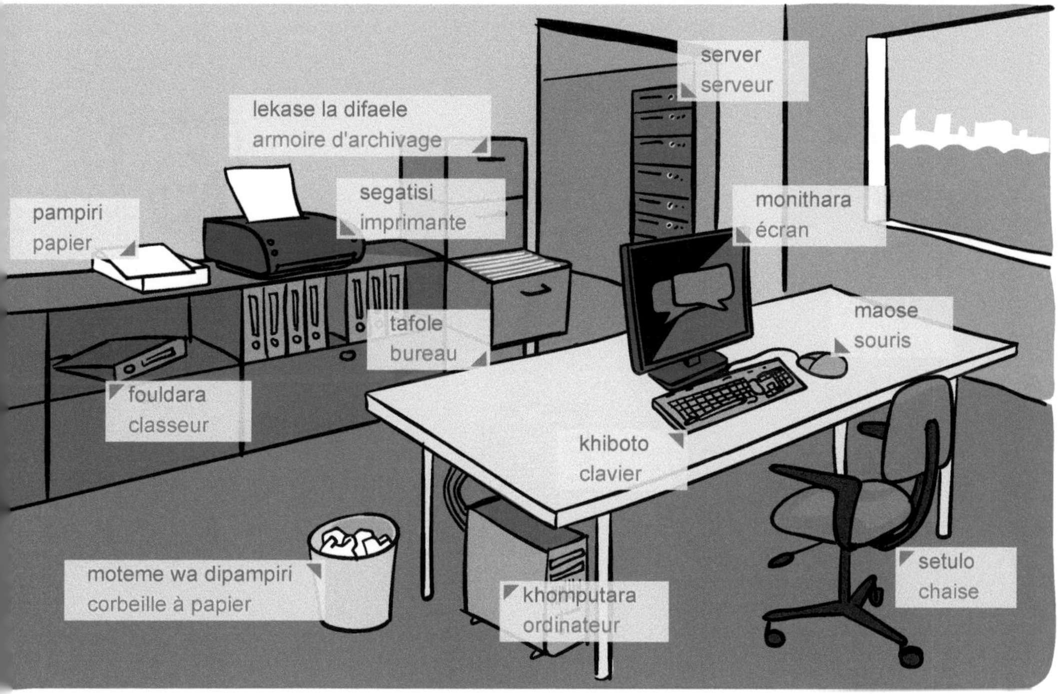

server
serveur

lekase la difaele
armoire d'archivage

segatisi
imprimante

monithara
écran

pampiri
papier

tafole
bureau

maose
souris

fouldara
classeur

khiboto
clavier

moteme wa dipampiri
corbeille à papier

khomputara
ordinateur

setulo
chaise

kopi

tasse de café

khalkhuleitara

calculatrice

inthanete

internet

lapothopo

ordinateur portable

lekwalo

lettre

molaetsa

message

mogala wa letheka

portable

kgolagano ya megala

réseau

segatisa dipampiri

photocopieuse

software

logiciel

mogala

téléphone

sokete ya polaka

prise

motšhini wa fekese

fax

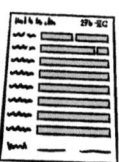

foromo

formulaire

setlankana

document

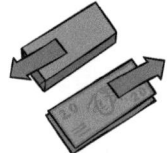

reka

acheter

patela

payer

rekisa

faire du commerce

madi / tšhelete

monnaie

 **USD**

dolara

dollar

 **EUR**

euro

euro

 **JPY**

yen

yen

 **RUB**

roubele

rouble

 **CHF**

swiss franc

franc suisse

 **CNY**

renminbi yuan

renminbi yuan

 **INR**

rupee

roupie

lefelo la madi

distributeur automatique

kantoro ya go fetola madi

bureau de change

gauta

or

selefera

argent

oli

pétrole

maatla

énergie

tlhwatlhwa

prix

konteraka

contrat

lekgetho

taxe

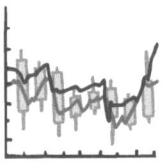

setoko

action

dira

travailler

mothapiwa

employé

mothapi

employeur

bodirelo

usine

lebenkele

magasin

maemo
professions

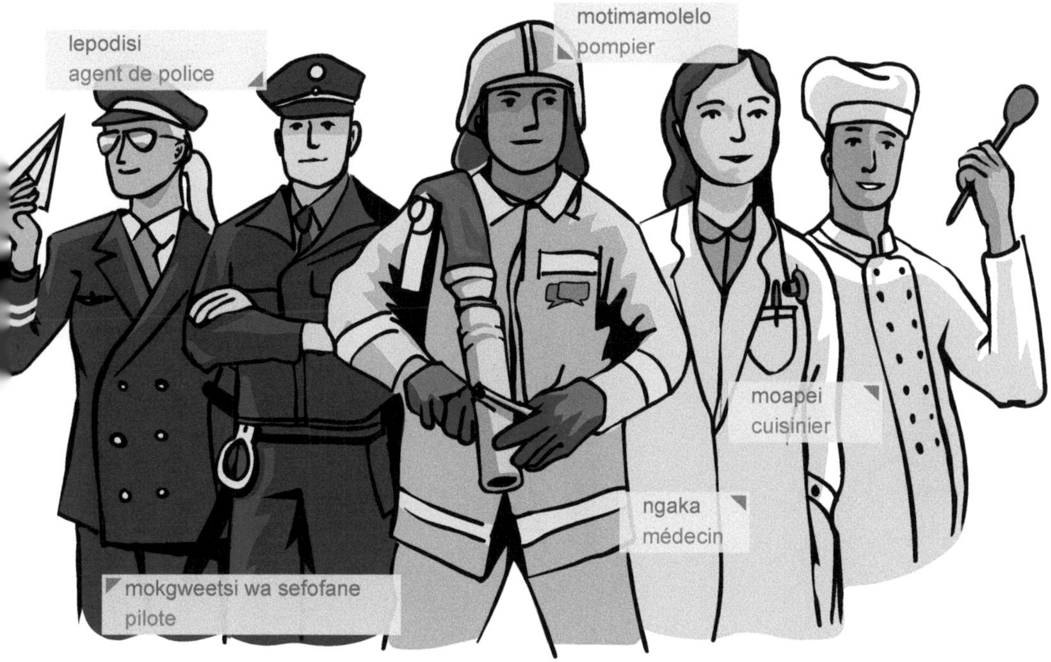
lepodisi
agent de police
motimamolelo
pompier
moapei
cuisinier
ngaka
médecin
mokgweetsi wa sefofane
pilote

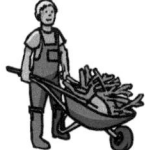

ratshingwana

jardinier

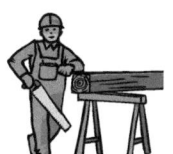

mmetli wa dikgong

menuisier

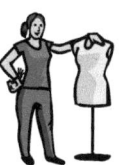

moroki

couturière

moatlhodi

juge

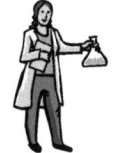

moitse wa melemo

chimiste

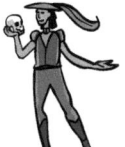

modiragatsi

acteur

mokgweetsi wa bese

conducteur de bus

mokgweetsi wa tekisi

chauffeur de taxi

motshwari wa ditlhapi

pêcheur

Mme yo o phepafatsang

femme de ménage

moruledi

couvreur

weitara

serveur

motsumi

chasseur

motaki

peintre

mmesi wa senkgwe

boulanger

ramotlakase

électricien

moagi

ouvrier

moenjenere

ingénieur

mosegi wa nama

boucher

motsenyi wa diphaepe tsa metsi

plombier

motsamaisa poso

facteur

leshole

soldat

modiri wa dipolane

architecte

morekisi

caissier

morekisi wa malomo

fleuriste

mokgabisamoriri

coiffeur

kondactara

contrôleur

mokheneke

mécanicien

mokapeteine

capitaine

ngaka ya meno

dentiste

Rasaense

scientifique

moruti

rabbin

imam

imam

moitlami

moine

moruti

prêtre

didiriswa

outils

hamore
marteau
tang
pinces
sekurufu deraevara
tournevis
sepanere
clé
lobone
torche

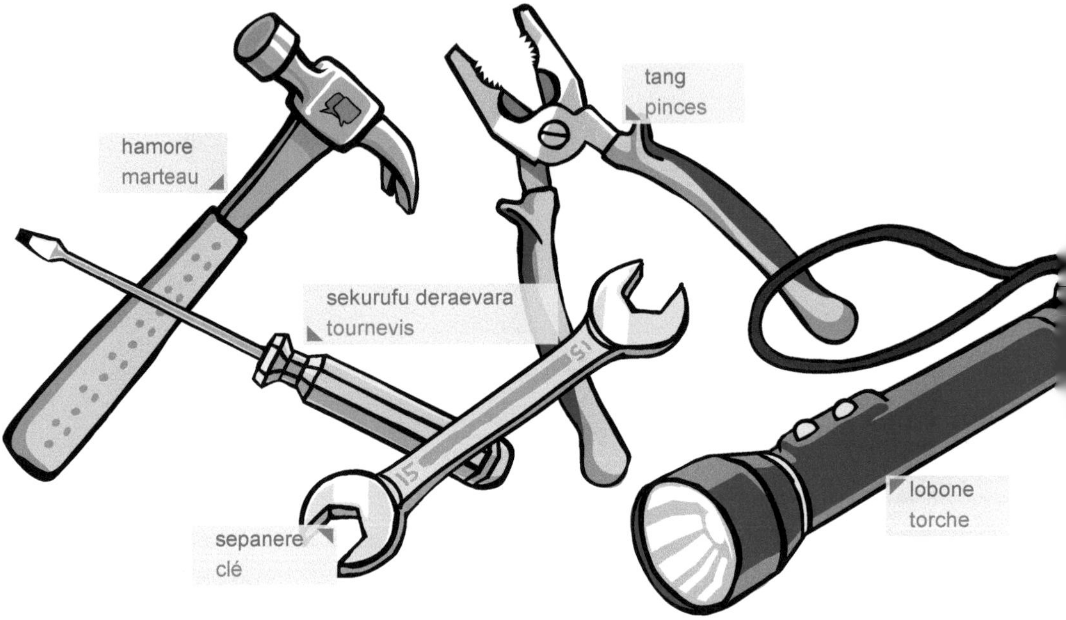

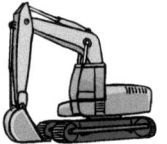

moepi

pelleteuse

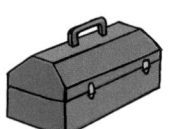

bokoso ya didirisiwa

boîte à outils

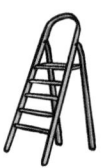

lere

échelle

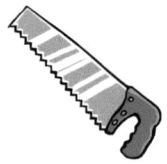

saga

scie

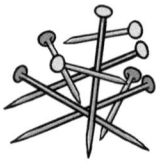

dipekere

clous

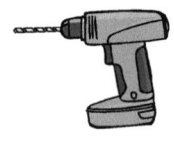

sebori

perceuse

baakanya
réparer

garawe
pelle

ijaa!
Mince !

seolela matlakala
pelle

pitsa ya pente
pot de peinture

sekurufu
vis

didirisiwa tsa mmino
instruments de musique

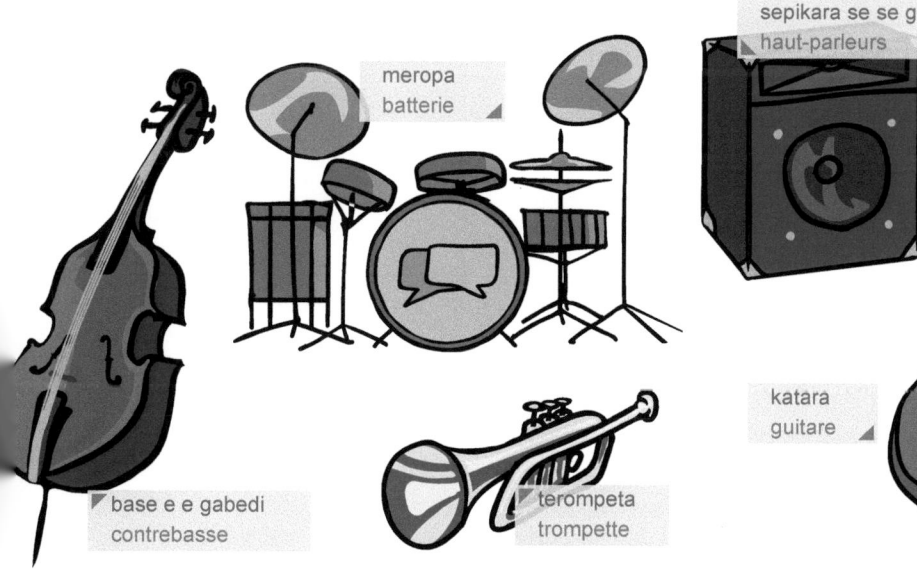

meropa
batterie

sepikara se se goelang ko godim[o]
haut-parleurs

katara
guitare

base e e gabedi
contrebasse

terompeta
trompette

piano
piano

bayolini
violon

base
basse

timpane
timbales

meropa
tambour

khiboto
piano électrique

sekesofone
saxophone

phala
flûte

sebuela godimo
microphone

lefelo la go bonela diphologolo

zoo

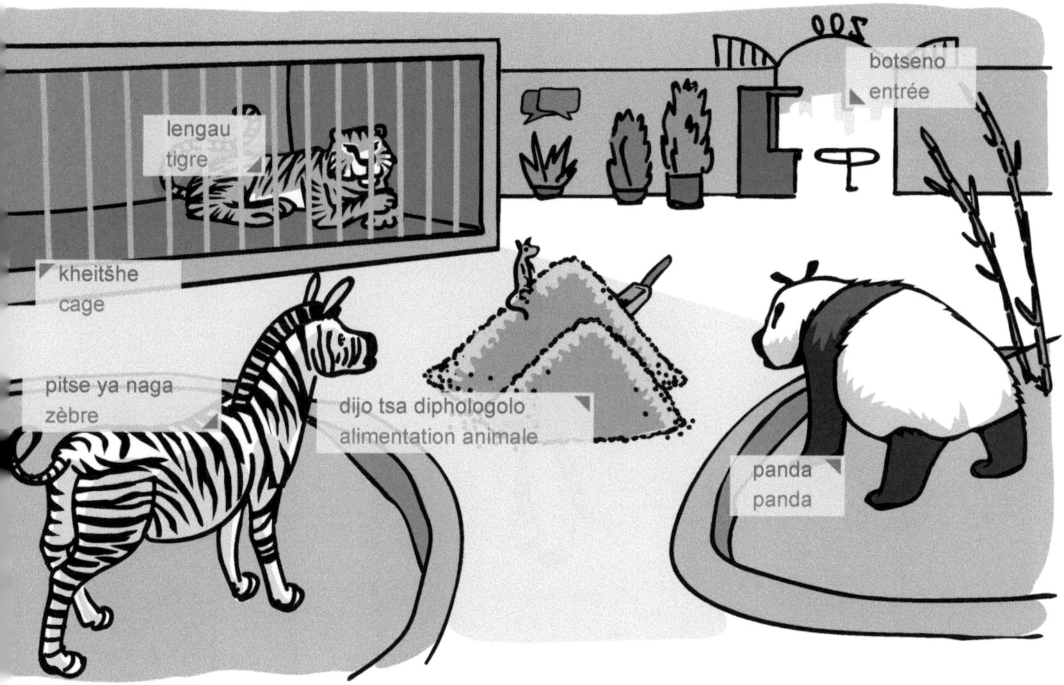

botseno
entrée
lengau
tigre
kheitšhe
cage
pitse ya naga
zèbre
dijo tsa diphologolo
alimentation animale
panda
panda

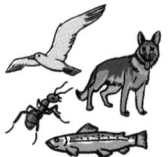

diphologolo

animaux

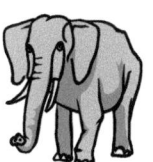

tlou

éléphant

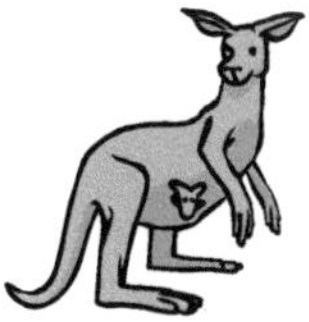

dikhankaruu

kangourou

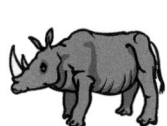

tshukudu

rhinocéros

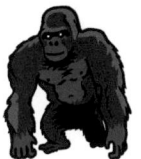

tshweni

gorille

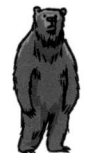

bera

ours

kamela

chameau

kalakune

autruche

tau

lion

tshwene

singe

flamingo

flamand rose

papalagae

perroquet

bera e e dulang ko lefelong
le le tsididi thata

ours polaire

nonyane tsa lewatle

pingouin

leruarua

requin

phikoko

paon

noga

serpent

kwena

crocodile

motlhokomedi wa
diphologolo

gardien de zoo

sili

phoque

katse

jaguar

petsana
poney

lengau
léopard

tshukudu
hippopotame

thutlwa
girafe

ntsu
aigle

dikolobe tsa naga
sanglier

tlhapi
poisson

khudu
tortue

walrus
morse

ntja ya naga
renard

tshephe
gazelle

kgwele ya dinao ya Amerika
american Football

motshameko wa baesekele
cyclisme

tenese
tennis

baseketebolo
basket-ball

thuma
natation

hockey ya mo aeseng
hockey sur glace

motshameko wa go lwa ka diatla
boxe

kgwele ya dinao
football

badminthone
badminton

atletiki
athlétisme

kgwele ya diatla
handball

skiing
ski

polo
polo

tshega
rire

tlola
sauter

tlamparela
embrasser

tsamaya
marcher

opela
chanter

lora
rêver

rapela
prier

atla
faire la bise

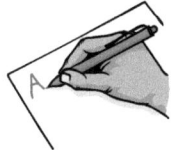

kwala

écrire

torowa

dessiner

bontsha

montrer

kgorometsa

pousser

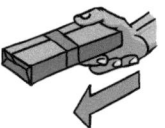

naya

donner

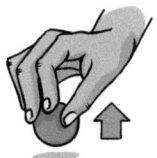

tsaya

prendre

go nna

avoir

dira

faire

nna

être

ema

être debout

taboga

courir

goga

trier

latlha

jeter

wa

tomber

maaka

être couché

ema

attendre

tsholetsa

porter

dula

être assis

apara

s'habiller

robala

dormir

tsoga

se réveiller

leba

regarder

lela

pleurer

thuma ka lemorago

caresser

kama

peigner

bua

parler

tlhaloganya

comprendre

botsa

demander

reetsa

écouter

nwa

boire

ja

manger

phepafatsa

ranger

lorato

aimer

apaya

cuire

kgweetsa

conduire

fofa

voler

seila

faire de la voile

khalkhuleitara

calculer

bala

lire

ithute

apprendre

dira

travailler

nyala

se marier

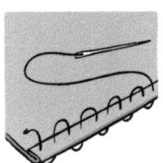

roka

coudre

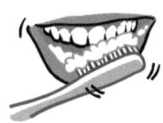

tlhapa meno

brosser les dents

bolaya

tuer

tsuba

fumer

romela

envoyer

mmemogolo
grand-mère

rremogolo
grand-père

rre
père

mme
mère

ngwana
bébé

morwadi
fille

morwa
fils

moeng

hôte

mmangwane

tante

malome

oncle

abuti

frère

ausi

sœur

mmele
corps

phatlha
front
leitlho
œil
legetla
épaule
monwana
doigt
sefatlhego
visage
seledu
menton
seatla
main
leoto
jambe
letsele
poitrine
letsogo
bras

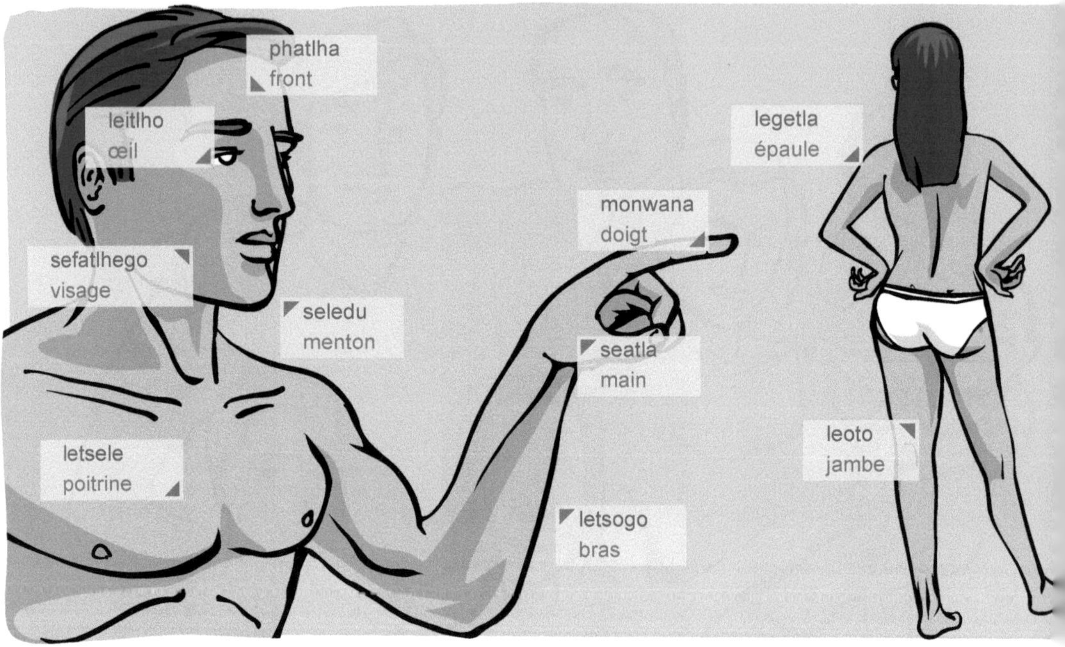

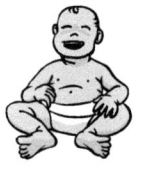

ngwana

bébé

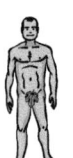

monna

homme

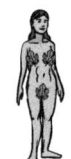

mosadi

femme

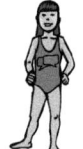

mosetsana

fille

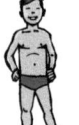

mosimane

garçon

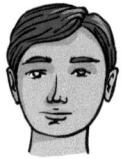

tlhogo

tête

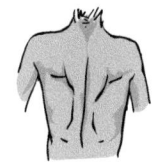

mokwatla

dos

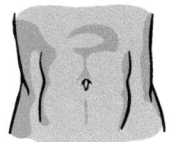

mpa

ventre

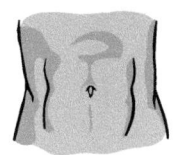

khubu

nombril

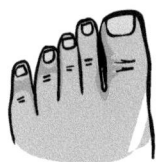

monwana

orteil

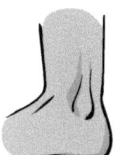

serethe

talon

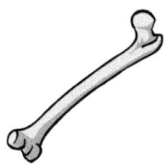

lerapo

os

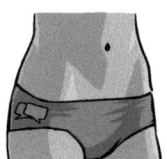

letheka

hanche

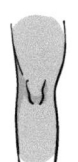

lengole

genou

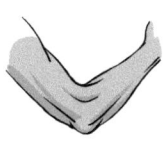

sekgono

coude

nko

nez

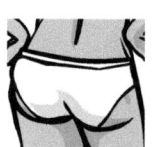

ko tlase

fesses

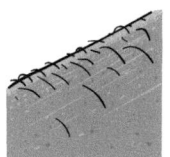

letlalo

peau

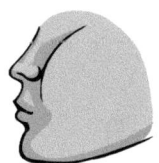

lerama

joue

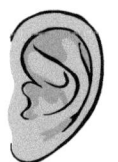

tsebe

oreille

pounama

lèvre

mmele - corps

molomo

bouche

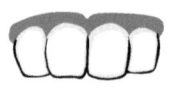

leino

dent

loleme

langue

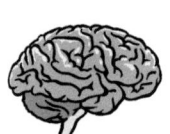

boboko

cerveau

pelo

cœur

maatla

muscle

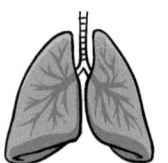

lekgwafo

poumons

sebete

foie

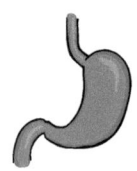

mala

estomac

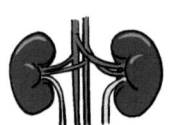

diphio

reins

bong

rapport sexuel

mosomelwana

préservatif

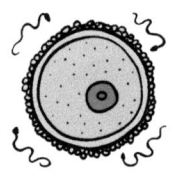

sebelegi sa ngwana

ovule

semen

sperme

moimana

grossesse

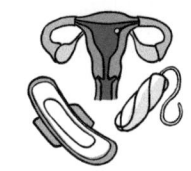

inako tsa go tla ka kgwedi
tsa basadi
....
menstruation

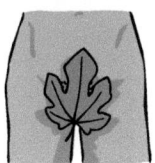

serwe sa mosadi
....
vagin

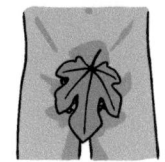

serwe sa monna
....
pénis

dintshi
....
sourcil

moriri
....
cheveux

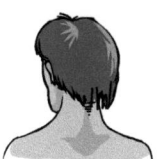

thamo
....
cou

mmele - corps

sepetlele
hôpital

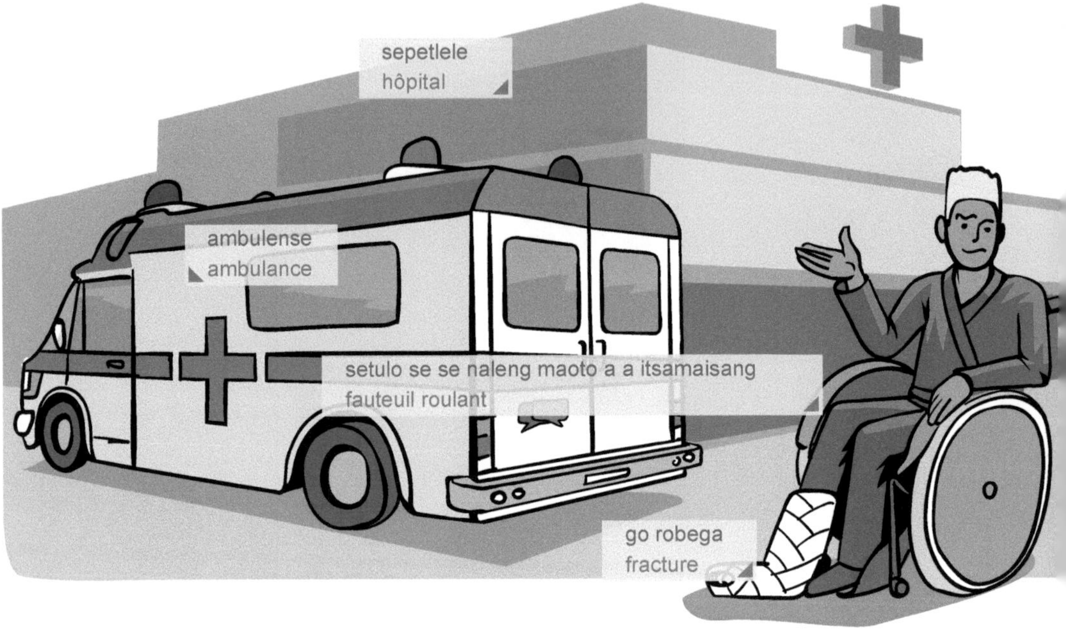

sepetlele
hôpital
ambulense
ambulance
setulo se se naleng maoto a a itsamaisang
fauteuil roulant
go robega
fracture

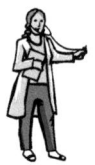

ngaka

médecin

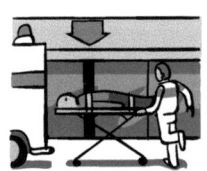

phaphosi ya tshoganyetso

service des urgences

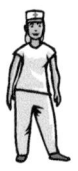

mooki

infirmière

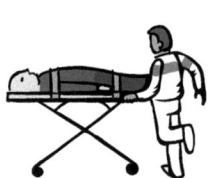

tshoganyetso

urgence

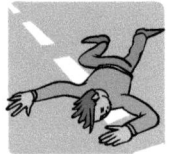

idibala

inconscient

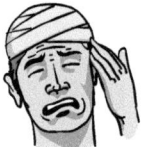

setlhabi

douleur

kgobalo

blessure

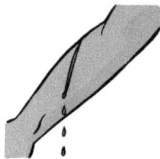

go dutla madi

hémorragie

tlhaselo ya pelo

crise cardiaque

setorouko

attaque cérébrale

bolwetsi

allergie

go gotlhola

toux

fulu

fièvre

fulu

grippe

letshololo

diarrhée

opiwa ke tlhogo

mal de tête

kankere

cancer

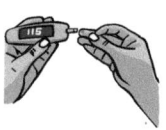

sukiri ya mmele

diabète

moari

chirurgien

sekalepele

scalpel

karo

opération

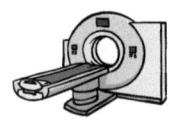

CT

CT

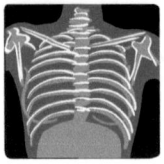

x-ray

radiographie

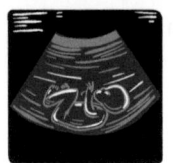
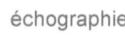

motšhini wa go leba mo mpeng

échographie

sesira sefatlhego

masque

twatsi

maladie

phaposi boletelo

salle d'attente

dithobane

béquille

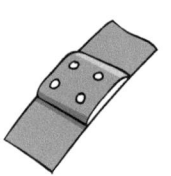

polasetara

pansement

sefapho

pansement

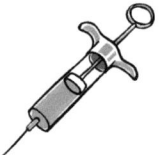

lemao

injection

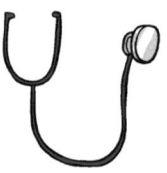

setetosekoupu

stéthoscope

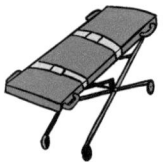

seteretšhara

brancard

themometara ya bongaka

thermomètre

pelegi

accouchement

bokima jwa mmele

surcharge pondérale

sedirisiwa sa go thusa go utlwa

appareil auditif

sesireletsa dintho

désinfectant

tshwaetso

infection

mogare

virus

HIV / AIDS

VIH / sida

melemo

médicament

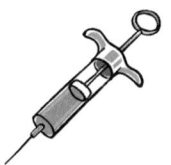

mokento

vaccination

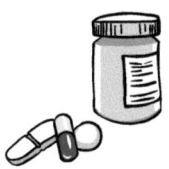

thabolete

comprimés

pilisi

pilule

nogala wa tshoganyetso

appel d'urgence

motšhini wa go ela tlhoko kgatelelo ya madi

tensiomètre

lwala / itekanetse

malade / sain

Thusa!

Au secours !

tshotlako

assaut

tlhasela

attaque

kotsi

danger

kgoro ya tshoganyetso

sortie de secours

Molelo!

Au feu!

setima moleleo

extincteur

kotsi

accident

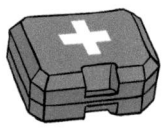

khiti ya go thusa ka dikgobalo

trousse de premier secours

SOS

SOS

lepodisi

police

Yuropa

Europe

Bokone jwa Amerika

Amérique du Nord

Borwa jwa Amerika

Amérique du Sud

Aforika

Afrique

Asia

Asie

Australia

Australie

Atlantic

Océan atlantique

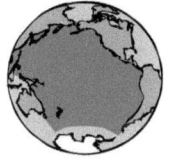

Pacific

Océan pacifique

Lewatle la India

Océan indien

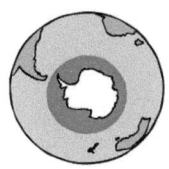

Lewatle la Antarctic

Océan antarctique

Lewatle la Arctic

Océan arctique

Bokone

pôle nord

Borwa

pôle sud

Antartica

Antarctique

Lefatshe

terre

lefatshe

pays

lewatle

mer

losi lwa lewatle

île

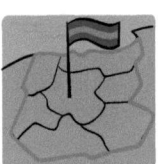

lotso

nation

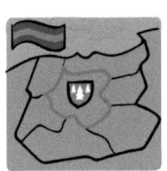

boemo

état

lentle la tshupanako

cadran

letsogo la ura

aiguille des heures

letsogo la metsotso

aiguille des minutes

letsogo la metsotswana

aiguille des secondes

ke nako mang?

Quelle heure est-il ?

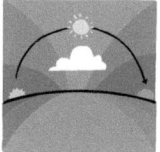

letsatsi

jour

nako

temps

go ne jaanong

maintenant

tshupanako ya dijithale

montre digitale

metsotso

minute

ura

heure

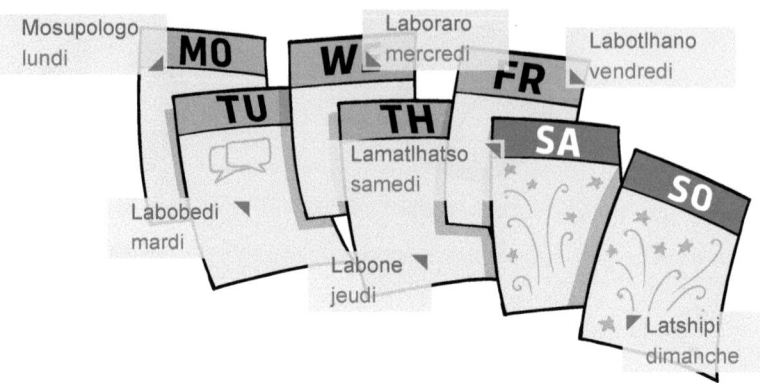

Mosupologo lundi

Laboraro mercredi

Labotlhano vendredi

Labobedi mardi

Lamatlhatso samedi

Labone jeudi

Latshipi dimanche

maabane

hier

gompieno

aujourd'hui

kamoso

demain

moso

matin

thapama

midi

maitseboa

soir

MO	TU	WE	TH	FR	SA	SU
1	2	3	4	5	6	7
8	9	10	11	12	13	14
15	16	17	18	19	20	21
22	23	24	25	26	27	28
29	30	31	1	2	3	4

malatsi a tiro

jours ouvrables

MO	TU	WE	TH	FR	SA	SU
1	2	3	4	5	6	7
8	9	10	11	12	13	14
15	16	17	18	19	20	21
22	23	24	25	26	27	28
29	30	31	1	2	3	4

mafelo a beke

week-end

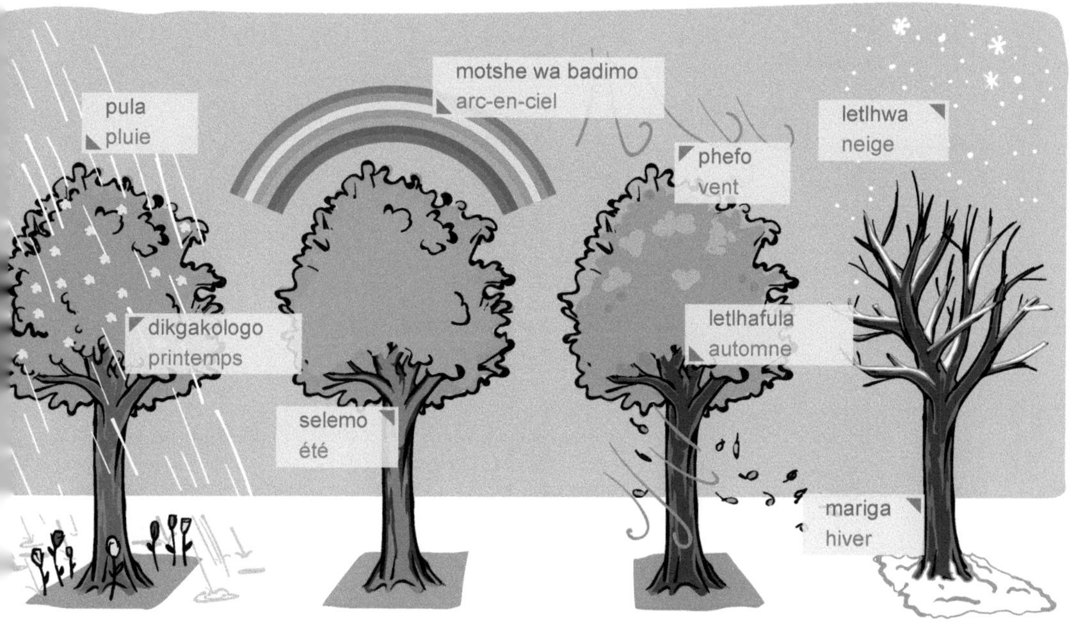

pula
pluie

motshe wa badimo
arc-en-ciel

letlhwa
neige

phefo
vent

dikgakologo
printemps

letlhafula
automne

selemo
été

mariga
hiver

4.APRIL	11°	☀
5.APRIL	4°	⛅
6.APRIL	13°	☔
7.APRIL	8°	❄
8.APRIL	10°	☀

botsogo jwa loapi
météo

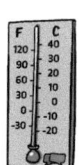

themomithara
thermomètre

letsatsi
lumière du soleil

leru
nuage

mouwane
brouillard

humidity
humidité

legadima

foudre

modumo wa maru

tonnerre

matsubutsubu

tempête

sefako

grêle

monsoon

mousson

morwalela

inondation

aese

glace

Ferikgong

janvier

Tlhakole

février

Mopitlwe

mars

Moranang

avril

Motsheganong

mai

Seetebosigo

juin

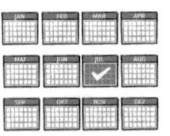

Phukwi

juillet

Phatwe

août

ngwaga - année

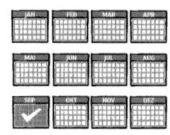

Lwetse
....
septembre

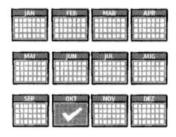

Diphalane
....
octobre

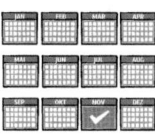

Ngwanaatsele
....
novembre

Sedimonthole
....
décembre

dipopego
formes

kgolokwe
....
cercle

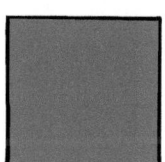

khutlonne
....
carré

khutlonnetsepa
....
rectangle

khutlotharo
....
triangle

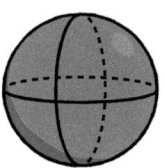

khutlo
....
sphère

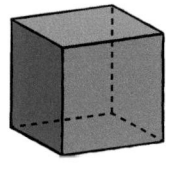

khiubu
....
cube

tshweu

blanc

serolwana

jaune

mmala wa namune

orange

pinki

rose

khibidu

rouge

bohibidu jo bo mokgona

violet

pududu

bleu

tala

vert

tshetlha

marron

tshetlha

gris

ntsho

noir

go le gontsi / go nnye
....
beaucoup / peu

go kwata / go ritibala
....
fâché / calme

montle / maswe
....
joli / laid

tshimologo / bofelo
....
début / fin

tonna / nnyane
....
grand / petit

lesedi / lefifi
....
clair / obscure

abuti / ausi
....
frère / soeur

phepa / leswe
....
propre / sale

feletse / go sa felela
....
complet / incomplet

motshegare / bosigo
....
jour / nuit

o sule / o a tshela
....
mort / vivant

bophara / tshesane
....
large / étroit

ya jega / ga e jege

comestible / incomestible

bosula / molemo

méchant / gentil

go itumela thata / go se
itumele

excité / ennuyé

nonne / tshesane

gros / mince

ntlha / bofelo

premier / dernier

tsala / sera

ami / ennemi

tletse / lolea

plein / vide

thata / bonolo

dur / souple

bokete / motlhofo

lourd / léger

tlala / lenyora

faim / soif

lwala / itekanetse

malade / sain

dumelesega / dumeletswe

illégal / légal

botlhale / sematla

intelligent / stupide

molema / moja

gauche / droite

gaufi / kgakala

proche / loin

sesha / ya kgale

nouveau / usé

sepe / sengwe

rien / quelque chose

mogolo / mosha

vieux / jeune

tsenya / tima

marche / arrêt

bula / tswetswe

ouvert / fermé

tidimalo / modumo

faible / fort

khumo / lehuma

riche / pauvre

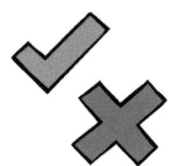

siame / phoso

correct / incorrect

ditlhotlhori / borethe

rugueux / lisse

hutsafetse / itumetse

triste / heureux

khutshwane / telele

court / long

bonya / bonako

lent / rapide

metsi / omile

mouillé / sec

mololo / tsididi

chaud / froid

ntwa / kagiso

guerre / paix

0

lefela

zéro

1

nngwe

un / une

2

pedi

deux

3

tharo

trois

4

nne

quatre

5

tlhano

cinq

6

thataro

six

7

supa

sept

8

robedi

huit

9

robonngwe

neuf

10

lesome

dix

11

some nngwe

onze

12
some pedi

douze

13
some tharo

treize

14
some nne

quatorze

15
some tlhano

quinze

16
some thataro

seize

17
some supa

dix-sept

18
some robedi

dix-huit

19
some robonngwe

dix-neuf

20
masomamabedi

vingt

100
lekgolo

cent

1.000
sekete

mille

1.000.000
milione

million

Sejatlhapi

anglais

Sejatlhapi sa Amerika

anglais américain

se-China

chinois mandarin

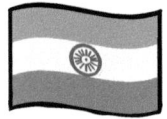

se-Hindi

hindi

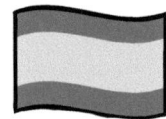

se-Spanish

espagnol

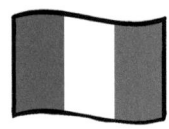

se-For a

français

se-Araba

arabe

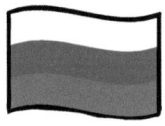

se-Russia

russe

se-Potokisi

portugais

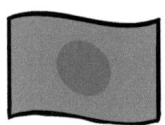

se-Bengali

bengali

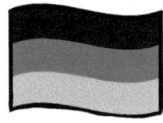

se-Jeremane

allemand

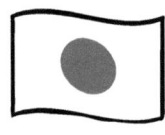

se-Japane

japonais

Nna

je

wena

tu

ene / ene / sone

il / elle / ce, c', cela

re

nous

wena

vous

bone

ils / elles

mang?

Qui ?

eng?

Quoi ?

jang?

Comment ?

kae?

Où ?

leng?

Quand ?

leina

nom

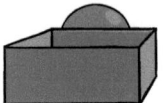

mo morago
....
derrière

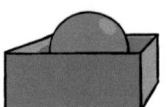

mo
....
dans

fa pele ga
....
devant

godimo
....
au-dessus

mo
....
sur

fa tlase
....
en-dessous

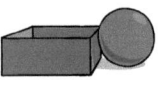

mo thoko
....
à côté de

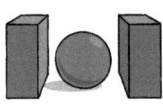

magareng
....
entre

lefelo
....
lieu